George Washington Carver

Sembrar ideas

T0136594

Jennifer Kroll

Asesor

Glenn Manns, M.A.

Coordinador del programa de enseñanza
de Historia de los Estados Unidos en la
Cooperativa Educativa de Ohio Valley

Créditos

Dona Herweck Rice, *Gerente de redacción*; Lee
Aucoin, *Directora creativa*; Conni Medina, M.A.Ed.,
Directora editorial; Katie Das, *Editora asociada*;
Neri Garcia, *Diseñador principal*; Stephanie Reid,
Investigadora fotográfica; Rachelle Cracchiolo,
M.S.Ed., *Editora comercial*

Créditos fotográficos

portada Biblioteca del Congreso de los Estados Unidos; p.1 Biblioteca del Congreso de los
Estados Unidos; p.4 Valentyn Volkov/Shutterstock; p.5 Biblioteca del Congreso de los Estados
Unidos, LC-USZ62-136123; p.6 (izquierda) Tony E. Walker, (derecha) Julie Ridge/iStockphoto;
p.7 (superior) Keith R. Neely, (inferior) Bruce Parrott/Shutterstock; p.8 Keith R. Neely; p.9
Benjamin Vess/Dreamstime; p.10 (izquierda) Rozaliya/Shutterstock, (derecha) Ronald Sumners/
Shutterstock; p.11 Keith R. Neely; p.12 The Granger Collection; p.13 Servicio de Parques
Nacionales; p.14 The Granger Collection; p.15 Katrina Brown/Shutterstock; p.16 Biblioteca
de la Universidad Estatal de Iowa/ Departamento de Colecciones Especiales; p.17 Merritt/
Universidad de North Carolina; p.18 (izquierda) Kurt De Bruyn/Shutterstock, (derecha) Joe
Gough/Shutterstock; p.19 The Granger Collection; p.20 Tim Bradley; p.21 (izquierda) Picture
History/Newscom, (derecha) Valeev/Shutterstock; p.22 Getty Images; p.23 Bluecrayola/
Shutterstock; p.24 Bettmann/Corbis; p.25 The Granger Collection; p.26 Jeffrey M. Frank/
Shutterstock; p.27 Getty Images; p.28 (izquierda) Biblioteca de la Universidad Estatal de Iowa/
Departamento de Colecciones Especiales, (derecha) Biblioteca del Congreso de los Estados
Unidos, LC-DIG-ppmsca-05633; p.29 (izquierda) Biblioteca del Congreso de los Estados Unidos,
LC-USZ62-136122, (derecha) Getty Images

Teacher Created Materials

5301 Oceanus Drive
Huntington Beach, CA 92649-1030
http://www.tcmpub.com

ISBN 978-1-4333-2574-8

©2011 Teacher Created Materials, Inc.
Printed in China

Tabla de contenido

Conoce a George. 4

La niñez de George 6

Amor por el aprendizaje 12

El hombre del cacahuate 18

Un gran hombre
    con un gran corazón. 26

Línea del tiempo 28

Glosario. 30

Índice. .31

Estadounidenses de hoy 32

Conoce a George

George Washington Carver nació esclavo. Cuando creció, llegó a ser **botánico**. Los botánicos estudian las plantas. George también fue **inventor**. Los inventores hacen cosas nuevas. A George se le ocurrieron nuevas maneras de usar las plantas. Se convirtió en un **experto** en la planta del cacahuate.

Dato curioso

Los cacahuates no son frutos secos. Pertenecen a la misma familia que los frijoles y los guisantes.

George en su laboratorio

La niñez de George

George nació en 1864. Su madre era esclava. Trabajaba para la familia Carver. Una noche, unos ladrones de esclavos llegaron a la finca de los Carver en Missouri. Se llevaron a George cuando era bebé y también a su madre. También se llevaron al hermano y a la hermana de George.

Una maqueta del lugar de nacimiento de George.

George nació en Diamond, Missouri.

George nació durante la **Guerra Civil**. Poco tiempo después, los esclavos serían libres.

Un amigo del señor Carver regresa a George a su casa.

El señor Carver envió a un amigo a buscar a los ladrones. Su amigo sólo encontró a George y a su hermano. Dijo que la madre y la hermana de George habían muerto. El padre de George había muerto antes de que él naciera. Esto significaba que George y su hermano ahora eran **huérfanos**.

Un sello postal de George Washington Carver

Dato curioso

George usaba el apellido de la familia Carver. Él mismo eligió su segundo nombre.

La familia Carver crió a George y a su hermano. La señora Carver le enseñó muchas cosas a George. Él la ayudaba con las tareas de la casa. Lo que más le gustaba era trabajar en el jardín. George podía hacer crecer cualquier cosa. Los vecinos le traían plantas enfermas. Lo llamaban "el doctor de las plantas".

Dato curioso

A George le gustaba dar paseos en la naturaleza. Coleccionaba piedras y plantas.

George de niño

Amor por el aprendizaje

Después de la Guerra Civil, los esclavos quedaron libres. Pero la vida seguía siendo difícil para los **afroamericanos**. La escuela cerca de la casa de George era sólo para los niños anglosajones. La escuela para afroamericanos quedaba a millas de allí. George empacó una maleta y comenzó a caminar. Quería aprender.

Una escuela para los niños anglosajones en los 1800

Una estatua de George cuando era niño

Una escuela para niños afroamericanos en los 1800

La escuela para afroamericanos tenía una sola aula ¡y 75 estudiantes! George estaba ansioso por aprender. Al poco tiempo, escuchó que en otro pueblo había una escuela mejor. Decidió ir allí. Durante su juventud, George se mudó muchas veces. Cada vez que se mudaba, intentaba aprender más.

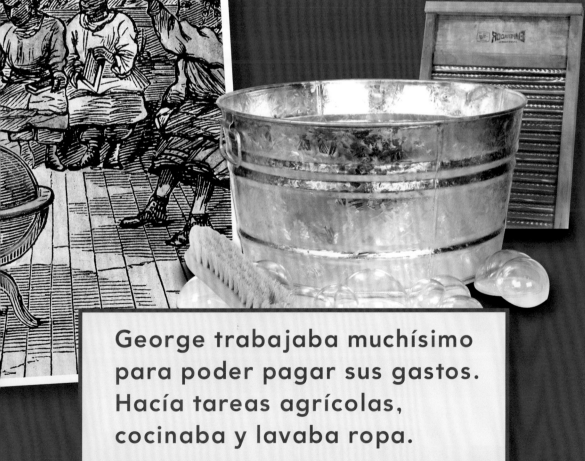

George trabajaba muchísimo para poder pagar sus gastos. Hacía tareas agrícolas, cocinaba y lavaba ropa.

A George le tomó varios años terminar la escuela secundaria. Pero todavía quería aprender más. Muchas universidades no admitían a afroamericanos. Finalmente, George encontró una universidad que le permitió estudiar ciencias. Allí estudió la ciencia de las plantas y los cultivos. Era un alumno brillante.

George en la Facultad de Agricultura y Artes Mecánicas de la Universidad Estatal de Iowa

Dato curioso

En la universidad, George también estudió arte. Pintaba flores y plantas.

George con una de sus pinturas

El hombre del cacahuate

George se convirtió en un experto en plantas. Consiguió un empleo como profesor universitario de **agricultura**. La agricultura tiene que ver con los cultivos. Lo invitaron a trabajar en una universidad afroamericana de Alabama. George se convirtió en el responsable de las plantas y los animales del Instituto Tuskegee.

A veces, George debía ocuparse de los animales.

Un campo de cacahuate

George

George en su laboratorio

A George le gustaba enseñarles a los estudiantes universitarios. Pero también quería ayudar a los agricultores locales. Muchos agricultores eran pobres. Las nuevas ideas podrían ayudarlos. George hizo una escuela sobre ruedas. Llevó su aula a los agricultores. Les mostró la manera de trabajar más inteligentemente.

La escuela sobre ruedas de George

Dato curioso

George se vestía con trajes viejos y gastados. Pero todos los días recogía una flor o una planta para poner en el ojal.

George en su laboratorio

George les enseñó a los agricultores sobre la **rotación de cultivos**. Si un año cultivaban algodón y cacahuates al siguiente, el suelo se mantendría más saludable. George les mostró que podían hacer muchas cosas con las plantas. Hizo 325 cosas diferentes con los cacahuates. ¡Hizo pintura, champú y hasta papel!

Dato curioso

George pensaba que algún día los automóviles usarían plantas en lugar de gasolina para funcionar.

Se corrió la voz acerca del "hombre del cacahuate". Durante la Primera Guerra Mundial, los Estados Unidos necesitaban más alimentos. Los líderes le pidieron nuevas ideas a George. Él tenía muchas ideas para compartir con ellos. Ganó premios por su trabajo. Cuando George murió a los 79 años, era un hombre famoso.

George conoció a muchos inventores. Henry Ford, el inventor del automóvil, era su amigo.

De izquierda a derecha: Henry Ford, George y Edsel Ford

Una pintura de George

Un gran hombre con un gran corazón

George trabajó duro. Le encantaba aprender. Tenía una gran mente, pero su corazón era aun más grande. **Mejoró** la vida de muchas personas. Enseñó a cuidar de la tierra y decía que la tierra también cuidaría de nosotros.

En Tuskegee, Alabama, se puede visitar el museo George Washington Carver.

George Washington Carver

1864

George Washington Carver nace en Missouri.

1894

George comienza la universidad en Iowa.

1896

George acepta un empleo en el Instituto Tuskegee.

tiempo

1916
Durante la Primera Guerra Mundial, faltan alimentos en los Estados Unidos. Los líderes le piden ayuda a George.

1920–1930
George gana muchos premios.

1943
George muere a los 79 años.

Glosario

afroamericanos—personas nacidas en el continente americano con familia que vino de África

agricultura—la ciencia de cultivar la tierra

botánico—persona que estudia las plantas

experto—persona que sabe mucho sobre una cosa

Guerra Civil—guerra estadounidense entre los estados del Norte y los del Sur

huérfanos—niños sin padres

inventor—persona que crea algo nuevo y diferente

laboratorio—lugar donde trabajan los científicos

maqueta—copia pequeña de algo, como un edificio o un avión

mejoró—dejó algo mejor de lo que estaba

rotación de cultivos—cambiar de cultivos todos los años para mantener saludable la tierra

Índice

afroamericanos, 12, 14–16, 18

agricultores, 20, 23

Alabama, 18, 26

botánico, 4

esclavo, 4, 6–7, 12

Facultad de Agricultura y Artes Mecánicas de la Universidad Estatal de Iowa, 16

familia Carver, 6, 10

Ford, Edsel, 24

Ford, Henry, 24

Guerra Civil, 7, 12

Instituto Tuskegee, 18

invento, 4, 24

Missouri, 6

Primera Guerra Mundial, 24

señor Carver, 8–9

señora Carver, 10

universidad, 16–18, 20

Estadounidenses de hoy

Hoy, los científicos como Daniel Gellar también plantan cacahuates. Pero los cacahuates no son para comérselos. Se utilizarán para hacer combustible. El combustible puede poner automóviles y máquinas en movimiento. George Washington Carver también hizo combustible con cacahuates. Él creía que podríamos fabricar todo lo que necesitáramos con plantas.